中华文物览胜

麦积山石窟
珍品讲读

张 铭 编著

西北大学出版社
·西安·

图书在版编目（CIP）数据

麦积山石窟珍品讲读 / 张铭编著. -- 西安 ：西北
大学出版社，2025.2. -- ISBN 978-7-5604-5552-5

Ⅰ．K879.242

中国国家版本馆 CIP 数据核字第 2025E16Q15 号

麦积山石窟珍品讲读

MAIJI SHAN SHIKU ZHENPIN JIANGDU

张　铭　编著

西北大学出版社出版发行

（西北大学校内　邮编：710069　电话：029－88302621　88303593）

全国新华书店经销　　西安奇良海德印刷有限公司印刷

开本：889 毫米×1194 毫米　1/16　印张：8

2025 年 2 月第 1 版　2025 年 2 月第 1 次印刷

字数：100 千字

ISBN 978-7-5604-5552-5　　　　定价：88.00 元

如有印装质量问题，请与本社联系调换，电话 029－88302966。

前　言

　　天水，古称秦州，属古雍州之地，位于中国版图的中央，地处陕、甘、川三省交界，扼陇山之险，临清渭之源，东走宝凤，绾毂关中，南下昭广，屏藩巴蜀，西入河西走廊，是东西、南北交通的咽喉。天水是丝绸之路重镇，历史悠久，文化深厚，是中华文明的重要发祥地，也是中华人文始祖伏羲的诞生地。天水秦安大地湾文化是仰韶文化的来源之一，是中华民族悠久历史的重要见证和组成部分。

　　天水自古就是中原文化与西域文化双向交流扩散的桥头堡，多民族共同生活在这里，不同的文化在此汇集，相互融合，形成了辉煌灿烂的天水历史文化。自西而来的佛教在此生根发芽，留下了大量珍贵的文化遗产。据考证，东汉至三国时期，佛教已经流传于天水地区。西晋十六国时期，天水地区的佛教得到发展。这一时期的佛教在羌、胡等少数民族中广受欢迎，修建有大量佛教塔、寺等建筑。天水境内重要的石窟寺遗存，都体现出多民族融合的营建特征，延续时间长，民族成分复杂，其中尤以麦积山石窟最具代表性，是陇右地区石窟寺的代表。

　　麦积山坐落于天水市东南 45 千米的小陇山林区之中，属于陇山山脉。周围群山环绕，麦积山孤峰突起，因形似农家麦垛而得名（图 1、图 2）。五代王仁裕《玉堂闲话》有记："麦积山者，北跨清渭，南渐两当，五百里冈峦，麦积处其半，崛起一石块，高百万寻，望之团团，如民间积麦之状，故有此名。"佛教文化的长期浸染，多民族聚居的区域特点，使得天水在佛教东传的过程中成为一处理想的传播地。经典的传诵，信众的增多，高僧的影响，经济的保障，还有大分裂时期人们内心的诉求，以及源远流长的泥塑和彩绘传统（图 3、图 4）和麦积山地区绝佳的自然景观等，都为麦积山石窟的开凿奠定了基础，提供了条件。

图 1 麦积山远景

图2 麦积山远景

图3 大地湾遗址出土的人头形器口彩陶瓶

图4 大地湾遗址出土的彩陶盆

麦积山石窟是中国四大石窟之一。据史料记载，麦积山石窟开凿于后秦时期。南宋祝穆《方舆胜览》曰："后秦姚兴凿山而修，千崖万象，转崖为阁，乃秦川胜境。"其后历经北魏、西魏、北周、隋、唐、五代、宋、元、明、清等朝代不断营建，是中国石窟寺中开凿历史序列最为完整的石窟寺之一，也是中国石窟寺发展的浓缩和佛教中国化的典型代表。麦积山石窟是由崖面遗迹（包括洞窟及其造像、壁画、摩崖题刻等）（图5）、寺院、舍利塔等建筑及馆藏文物、古代文书等组成的综合体文化遗产，现存窟龛221个，各类造像10632身，壁画近千平方米，素有"东方雕塑陈列馆"的美誉。1961年，麦积山石窟被国务院公布为第一批全国重点文物保护单位。2014年，麦积山石窟作为"丝绸之路：长安－天山廊道的路网"的组成部分被列为世界文化遗产。

图5　麦积山石窟崖面（花平宁拍摄）

麦积山石窟与周围的自然环境构成了天人合一的麦积奇观，景观特征鲜明，是中国石窟寺中最具辨识度和季节性的文化遗产。这里有位居"秦州八景"之首的"麦积烟雨"（图6），每当烟雨来临，身处其中，环顾已是步云端，鸟鸣深处知人间，这座神奇的山峰仿佛笼上了神秘的面纱。这里四季分明，景色宜人，有"人间四月芳菲尽，山寺桃花始盛开"的烂漫春景（图7），有"万绿丛中孤峰傲，极目北国叹苍茫"的葱葱夏景（图8），有"晴空万里秋毫现，麦积秋色惹人怜"的多彩秋景（图9），也有"雪落白衣覆千里，最是一抹胭脂红"的奇美冬景（图10）。在这里，佛教艺术与自然景观相得益彰；在这里，秦地林泉之冠与石窟禅修隐居完美融合。

图6　麦积烟雨（徐鹏拍摄）

图 7　麦积山春景

图 8　麦积山夏景（贾灏拍摄）

图 9　麦积山秋景（贾瀜拍摄）

图 10　麦积山冬景

作为陇右地区历史上的佛教中心，麦积山石窟在其1600多年的发展史上，不断兼收并蓄，博采众长，在不同的历史时期先后受到了河西、长安、云冈、洛阳、成都等众多区域文化的影响，在本土文化脉络的基础上，对诸多区域的佛教艺术进行了融汇、创新，最终形成了享誉世界的石窟艺术，体现了高超绝伦的泥塑制作水平，成为多种区域元素交融并存的最佳案例，构成了中国石窟寺发展历史上的重要一环。

麦积山石窟丰富且多姿多彩的石窟艺术和文化遗产，造就了大量的经典形象和艺术精品，展现出包容、多元、和谐等中华优秀传统文化的特有内涵。那沟通彼此、直达内心的慈悲恬淡（图11、图12），那听法妙悟、一笑千年的初心不改（图13），那闻法欢喜却又

图11　麦积山石窟第44窟主佛像（局部）　　　　　　图12　麦积山石窟第62窟弟子像（局部）（张铭拍摄）

张弛有度的自我约束（图14），那各显特色却又胡汉一窟的多民族和谐共处（图15），那细腻在外却又铁骨铮铮的外柔内刚（图16），那在风雨飘摇中尽显气吞山河、无所畏惧的民族风骨（图17、图18），那得道成佛后却又不失人间温情的如山父爱（图19），还有那阅遍大千而自得大度的自然洒脱（图20）……凡此种种，不胜枚举，无不彰显出当时人们虔诚、饱满、丰富、自然的精神世界。

图13 麦积山石窟第133窟小沙弥像（局部）（张铭拍摄）

图14 麦积山石窟第121窟菩萨与弟子像（"窃窃私语"）

图15 麦积山石窟第23窟造像（贾融拍摄）

图 16　麦积山石窟第 147 窟主佛像（局部）（张铭拍摄）　图 17　麦积山石窟第 4 窟力士像（花平宁拍摄）

图 18　麦积山石窟第 43 窟力士像（局部）（花平宁拍摄）

图 19　麦积山石窟第 133 窟佛像（"释迦会子"）（局部）　　图 20　麦积山石窟第 123 窟维摩诘像（局部）

　　麦积山石窟是中华优秀传统文化的组成部分，在新时代，我们有责任对其所蕴含的丰富价值进行多方面的挖掘和多角度的研究与弘扬，让更多人了解和欣赏石窟艺术，从中汲取营养，提升对美的感知和理解，增强文化自信和自觉。西北大学出版社在这方面进行了不懈的努力，做了许多有意义的出版工作。鉴于麦积山石窟的丰富价值和独特魅力，遂有了本书的编辑出版。我们也希望通过基本的文字介绍和图片及视频的展示，使大家对麦积山石窟有比较全面立体的了解。麦积山石窟不仅有无与伦比的泥塑艺术，还有精美珍贵的壁画、建筑、石刻等多种遗存。

　　麦积山石窟就在这里，千年不变，等着你到来，开启一场跨越千年的与智者的心灵对话和一段治愈之旅。

目　录

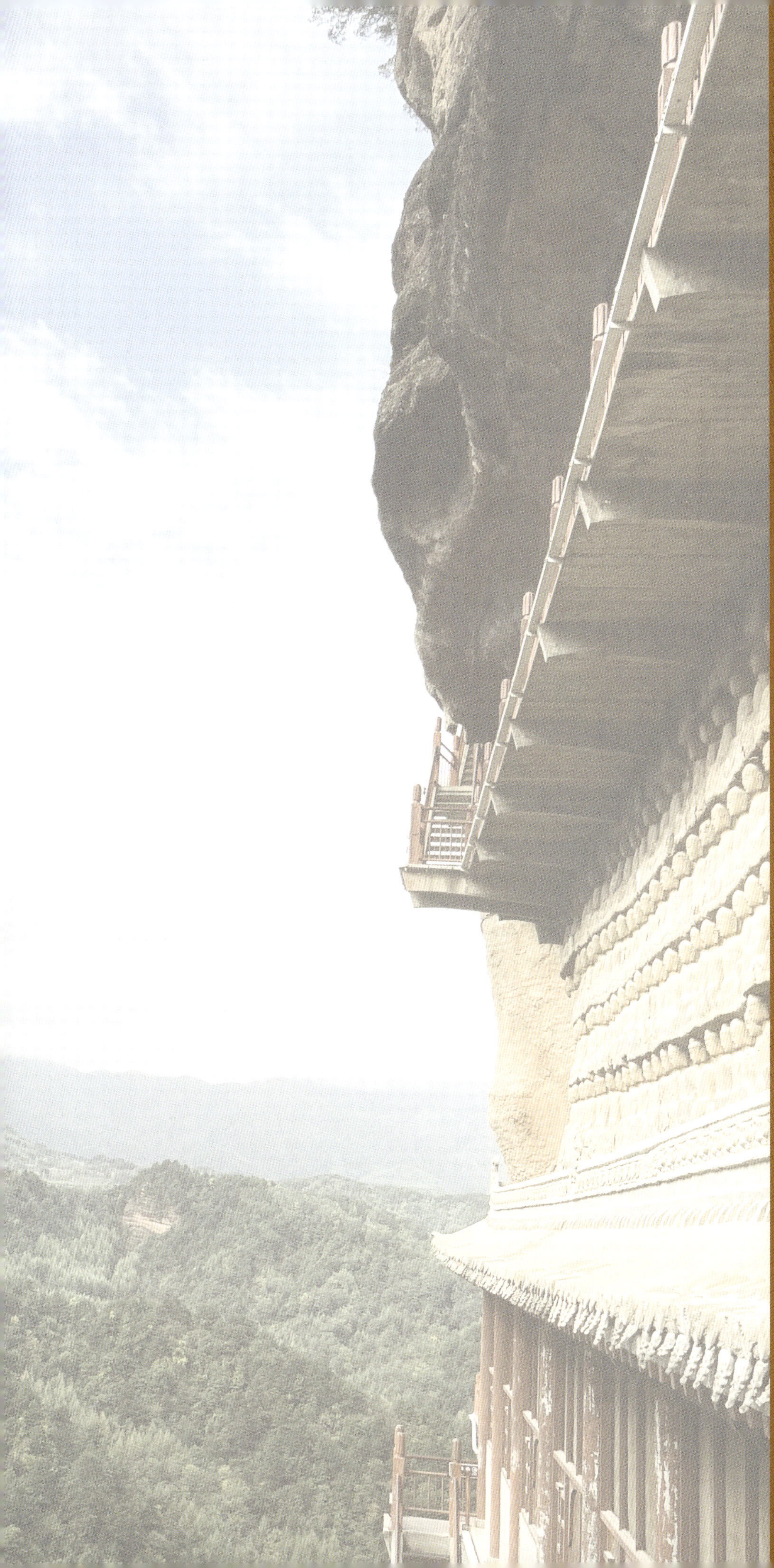

上篇

河西灵岳　麦积奇观

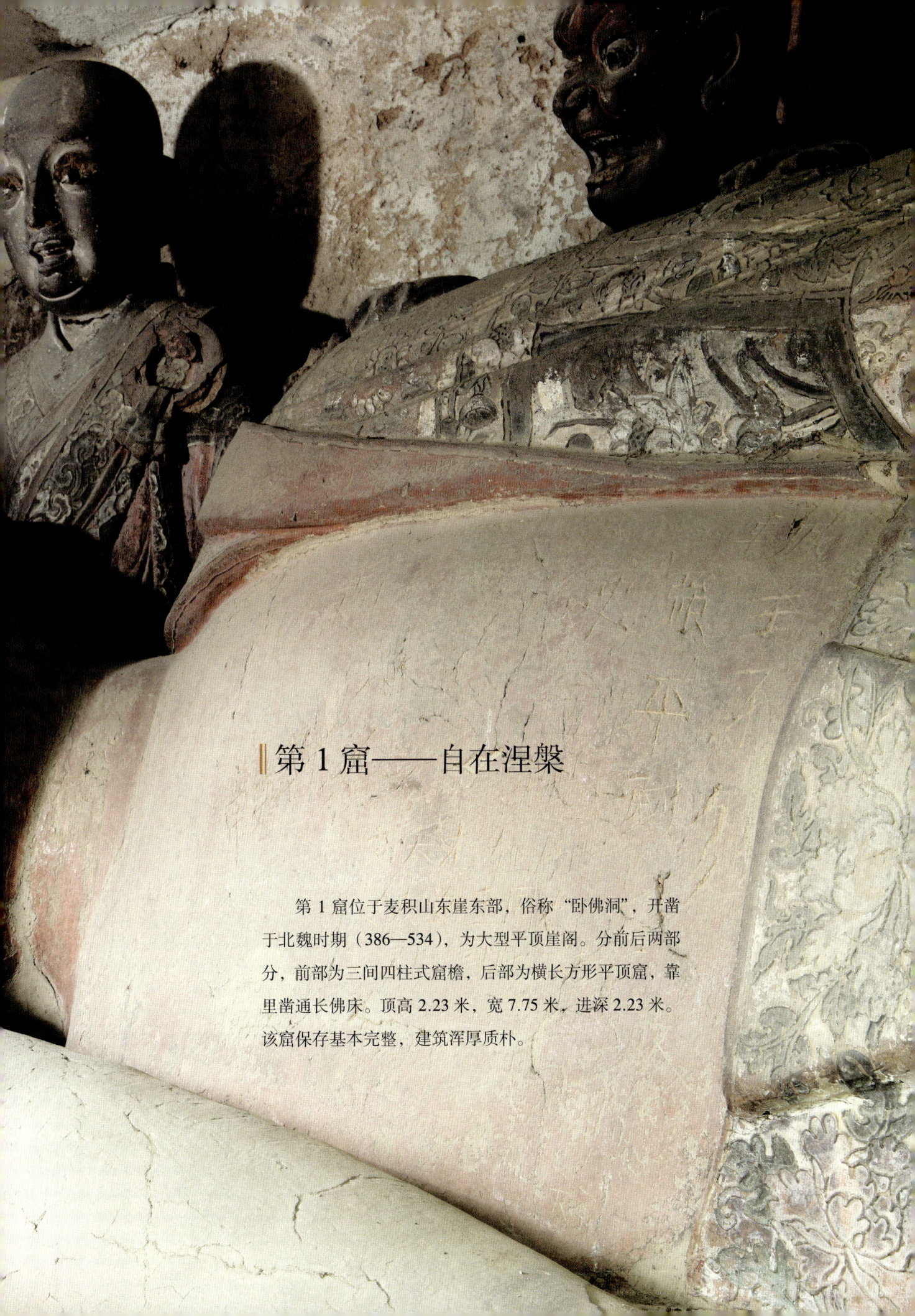

第 1 窟——自在涅槃

第 1 窟位于麦积山东崖东部，俗称"卧佛洞"，开凿于北魏时期（386—534），为大型平顶崖阁。分前后两部分，前部为三间四柱式窟檐，后部为横长方形平顶窟，靠里凿通长佛床。顶高 2.23 米，宽 7.75 米，进深 2.23 米。该窟保存基本完整，建筑浑厚质朴。

第 1 窟释迦牟尼涅槃像（张铭拍摄）

　　第 1 窟内现存明代重修的释迦牟尼涅槃像、十大弟子像及一供养人像，均为泥塑。十大弟子在卧佛身后一字排列，内穿交领衫，斜披袈裟，神态各异：有的表情平和，有的面露喜色，有的目眦欲裂，有的则默然而坐。从左向右数，第四身弟子像为老者形象，右手抚摸佛肩，左手抚摸佛臂，蹙眉怒目，嘴巴大张，面部肌肉突起，表现出呼天抢地的悲痛神情；第七身弟子像为青年形象，左手摸佛的手腕，神态端肃，似在诊脉，嘴角向下，表现出无可奈何的神情；第十身弟子像为老者形象，右手抚摸佛的脚踝，嘴巴大张，喜笑颜开，表现出一种诙谐幽默之感。释迦牟尼佛头枕方枕，横卧于通长佛床上，右臂屈肘，右手衬垫于枕上，左手随身而置，面容丰满，双目微闭，身着通肩袈裟，腰系长裙，袒胸赤足，安详自若，呈现出熟睡状态下的恬静神情。

　　该窟塑像以诸弟子面对释迦牟尼涅槃时的不同感情代表的众生相，与安卧于床的释迦牟尼形成明显对比，以定格于瞬间的动静手法表现出强烈的艺术张力，烘托出佛陀涅槃时的从容自在。

第 3 窟——千佛禅定

　　第 3 窟位于麦积山东崖中上部，俗称"千佛廊"，开凿于北周时期（557—581），是我国石窟中最长的人字披顶长廊式崖阁建筑，前檐已大部分塌毁。该窟对于还原和研究北朝时期我国长廊式建筑具有重要的参考意义。窟长 36.5 米，顶高 8.2 米，廊宽（进深）2.7 米。自上而下保存有 6 排共计 297 身石胎泥塑坐佛，栈道从中穿过。栈道上方 2 排佛像共 92 身，因触手可及，故在宋、明两代妆彩重塑；

第 3 窟外景（贾濡拍摄）

第 3 窟（徐鹏拍摄）

第 3 窟外景（孙苑拍摄）

下方 4 排共 205 身，保留着北周造像的原始状态。这些坐佛均结跏趺坐，双手结禅定印，目视前方，神情肃穆。造像排列有序，整体上气势恢宏、磅礴大气，令观者不觉心静神宁。仔细观察就会发现，佛像神情各异，或抑或扬，似怒似笑，栩栩如生；佛像的发髻、手势、衣纹、衣饰也都略有不同，统一气象下又各有变化。特别是上面 2 排佛像与下面 4 排佛像之间形成了明显的时代差异，对比

第 3 窟外景（张铭拍摄）

鲜明。该窟东侧斩山崖面转角处也随崖附凿有佛像，与正面的佛像相互连接，形成了空间的组合和延伸。这些佛像大多表层泥皮脱落，显露出石胎模样。

千佛廊的 6 排坐佛，在依崖而凿的高空崖阁中禅定而坐，自成天地，蔚为壮观。青山不改，绿水长流，默然之间，已是千载。

第 3 窟（局部）（张铭拍摄）

第 3 窟外景（张铭拍摄）

第4窟——人间天宫

　　第4窟位于麦积山东崖上部，俗称"上七佛阁"或"散花楼"，开凿于北周时期，是大都督李充信为其亡父开凿的功德窟，也是麦积山石窟最大的洞窟和建筑遗存，自隋唐至明清，代有重修，是麦积山佛教活动的主要场所。该窟为七间八柱仿宫殿的大型庑殿顶崖阁式建筑，横宽 31.7 米，高 15 米，进深 13 米，前廊后龛，前部廊柱及顶部已坍塌，后部 7 间佛龛一字排开。廊柱仅存 2 根，后部 7 间

第4窟廊外右侧藻井顶部壁画《诸天赴会》

佛龛内的造像保存较完整，有唐宋之风，姿态各异，精致优美。龛内为四角攒尖顶结构，龛外有幔帐流苏、摩尼宝珠及瑞兽等形象，皆为石胎泥塑。雕梁画栋，飞阁流丹，自是人间胜境。

最令人叹为观止的是前廊上部的"薄肉塑"飞天。工匠们利用臻于化境的技法，升华和延伸了艺术形象的表现张力和想象空间，人为地构建了一幅幅理想中佛国的美妙景象。这些几与真人等大的飞天，巧妙地结合了绘画与泥塑艺术，肌肤细腻如真，天衣随风飘扬，似要破壁而出。壁画中，奏乐、供养、香花遍撒，色彩缤纷，美轮美奂，好一个佛国胜境。

第 4 窟外景（徐鹏拍摄）

"薄肉塑"飞天（局部）（张铭拍摄）

"薄肉塑"飞天（局部）（张铭拍摄）

时过境迁，往事如烟，第 4 窟建成时的雄壮和震慑心魄之美，我们只能通过北朝文学家庾信专门为该窟撰写的《秦州天水郡麦积崖佛龛铭并序》中的文字进行想象。该窟作为麦积山石窟这一佛教圣地中的"说法之堂"和"天宫"所在，似乎成了娑婆世界可供人们参拜的人间净土。在这里，诸佛说法，佛音袅袅，凌空飞舞的诸天、仙女或散花，或奏乐。仙人赴会，经幡飘然，花雨缤纷，构成了庄严、灵动、如梦似幻的佛国世界。世人置身其中，不由得满心欢喜，赞叹不已。

"薄肉塑"伎乐飞天

第5窟——护佑人间

　　第5窟位于麦积山东崖上部，俗称"牛儿堂"，开凿于隋末唐初，宋、明、清三代都有重修。为三间四柱仿殿堂式摩崖建筑，高9米，宽15米，进深6米。前廊后龛，前廊部分在地震中崩塌，后壁一字排开三龛，造像组合为三佛。佛像面部饱满，身躯壮实，胸部微微凸起，整体端庄大方，具有典型的初唐造像风格。

第5窟全景（孙苑拍摄）

在这些造像中，最具气势的非踏牛天王像莫属。踏牛天王立于牛背之上，身躯高大威猛，身穿战甲、护胸，双手握拳置于腰际两侧，眼球突出，神情严肃，双足有力，稳如泰山。天王脚下之牛趴卧于地，昂首扭头，两眼圆睁，前蹄压在身下，后腿屈膝伴蹄，有奋力欲起之势。"牛儿堂"之名即由这一天王、一卧牛而来。这组造像于静态中追求动感，极具艺术张力。在天王与卧牛看似平静的状态下，实则有两股汹涌的力量在对抗。

在历史上，天水地区地震频发。民间认为世间有一神力牛犊，力可撼天，它翻身跑跳会引发地震。为阻止悲剧重演，便有了这身立于牛身之上的天王像，专门阻止这头神牛起身带来地震，为害人间。这组佛教神王的经典造像，在饱受地震之苦的天水百姓的愿力加持下，摇身一变，成为护佑一方、防止地震发生的专业守护神，实属佳话。在这一变化中，自然饱含着百姓朴素而又直接的现实诉求，以及对平安生活的美好愿望。

第 5 窟踏牛天王像（局部）（张铭拍摄

第 5 窟供养人壁画

第 13 窟——大像巍巍

　　第 13 窟位于麦积山东崖的中心位置，俗称"东崖大佛"，开凿于隋代（581—618），宋代重修。这是麦积山石窟中体量最大的一组造像，是一铺三身的"华严三圣"组合。主尊为毗卢遮那佛，高 15.7 米；左右胁侍菩萨分别为文殊和普贤，高 13 米。造像均为石胎泥塑，矗立于一体开凿的莲台之上，巍然肃穆，气势磅礴，成为该区域的中心。

　　1982 年对东崖大佛进行修复时，发现了两件国家一级文物。一件是宋代的定窑白瓷碗，发现于主佛的眉心位置。碗的外侧有一圈珍贵的墨书题记，内容为"秦州甘谷城塑匠高振同，是绍兴二十七年八月廿五日"。这是关于重修麦积山大佛的重要史料。另一件是发现于主佛右侧脸颊内的唐宋手抄本《金光明经》第四卷，通长 760 厘米，宽 25 厘米，是麦积山石窟现存最早的写经。《金光明经》作为佛教中的"护国三经"之首，在护国利民等方面具有无比殊胜的功德。佛教认为，诵持此经，能灭众生无边苦恼，可获四天王护持国境内一切安乐。这一珍贵文物是当时佛教思想和佛教经典流行的重要体现，也反映了当时工匠和信众内心的祈愿。

　　要想在这样的垂直崖面上开凿体量如此巨大的佛像，工程量巨大，难度极高。当时的工匠利用层层架设的脚手架，自上而下地斩山和开凿佛像。斧声凿凿，每一根粗犷的线条都将历史的斑驳和朴素的信仰刻录在山上。之后再用细腻的泥层盖住这些凿痕，塑造出大气之美。

第 13 窟全景（孙苑拍摄）

佛像与菩萨像眉目间的神情神秘又肃穆，嘴角的弧度柔和而温婉。在漫长的岁月里，它们聆听着世间众生的期盼，俯瞰着岁月的沧桑，在风云变幻间岿然屹立，默默坚守，给世人以希望。大像巍巍，它们的厚重来自它们高大的形体，来自历史在岁月流光中赋予它们的沧桑，更来自信众对和平美好生活的向往。

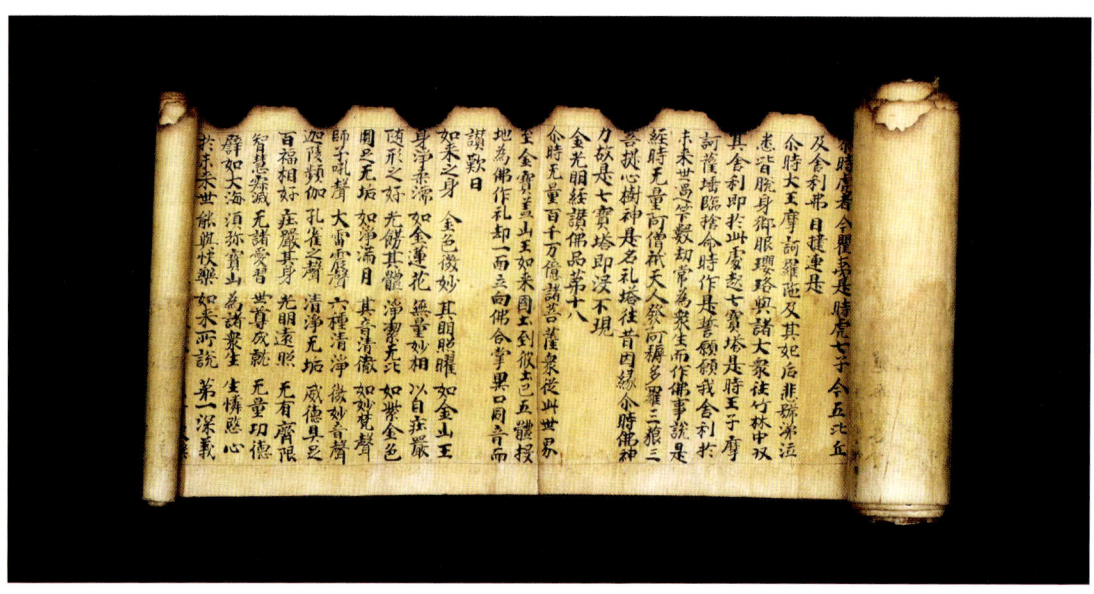

《金光明经》经卷（孙苑拍摄）

定窑白瓷碗（孙苑拍摄）

定窑白瓷碗（底部）（孙苑拍摄）

第 37 窟——至虔无华

第 37 窟位于麦积山东崖下部，开凿于隋代。洞窟为平面马蹄形，穹窿顶。前部塌毁，现存一佛一菩萨。中间主佛高 2.07 米，低平螺髻，面形方圆，颈刻三道曲纹，身着通肩袈裟，倚坐于方形佛座之上，脚踩半圆莲台，神态祥和。

第 37 窟胁侍菩萨像（局部）（孙苑拍摄）

主佛右侧的胁侍菩萨，高 1.85 米，身姿婀娜，面庞丰满，弯眉细眼，嘴角上扬，露出甜美的笑容，尽显温柔。束高发髻，头戴花冠，束发的丝带垂过两肩，置于胸前。身披天衣，衣着轻柔。腰系百褶长裙，衣纹自然下垂，线条优美自然。胸前佩戴着一串精致的璎珞。双手交叉叠抱在胸前，虔诚地立于主佛身侧，显示出聆听佛法的专注和由内而外的恬淡释然。

隋代工匠在表现菩萨的秀美面容、婀娜体态的同时，还着力表现出菩萨的慈祥温和、安详恬静、怡然自得。这身菩萨像显示出隋代造像上承南北朝传统，下启唐代风格的特点，既有着褪尽铅华的自在素雅，更有着动静相宜的自然从容，可谓是雕塑艺术对形象特征的绝佳表现，是麦积山石窟隋代造像中的经典之作。

第 37 窟胁侍菩萨像（局部）（张铭拍摄）

第 43 窟——魏后寂陵

　　第 43 窟位于麦积山东崖下部，开凿于西魏时期（535—556），为三间四柱单檐庑殿顶仿木构建筑。洞窟内部由前廊、享堂和墓室三部分组成。这个为临时停放西魏文帝皇后乙弗氏的棺木而开凿的洞窟，是中国石窟寺中最早的瘗窟。关于乙弗皇后的事迹，《北史·后妃列传》里有详细记载。这个洞窟因为葬入了这位为国牺牲的尼姑皇后，也被称为"寂陵"。

　　该窟现存的造像均为五代和宋代作品。窟内正壁的主佛像为宋代重塑，神态庄重，双目微睁，俯视前方。外穿双领下垂袈裟，内着僧祇支，腰间束带作结，

第 43 窟外景（孙苑拍摄）

第 43 窟正壁佛与菩萨像（贾澍拍摄）

善跏趺坐于须弥座上，两脚各踩一朵莲花。主佛背靠的壁面上雕凿着龙椅，龙椅左右两侧有浮塑的龙首及供养菩萨两身。两身供养菩萨头戴宝珠华冠，发髻高耸，双眉弯如新月。左侧供养菩萨左臂屈肘，左手托净瓶于胸前，俯身下视；右侧供养菩萨双手合十，面容恬静。两身供养菩萨皆肤如凝脂，衣饰华美。主佛左右两边的两身胁侍菩萨，为五代作品，宋代重修。束扁圆形高发髻，头戴花冠，眉目清秀，小嘴上扬，身穿圆领窄袖短襦衣，帔帛斜搭于左肩，并由身后缠绕至腹前作结，重叠交错，繁缛富丽，下穿紧身长裙，紧贴肌肤，衣纹质感轻薄。两身胁侍菩萨侧身扭头，体态婀娜，身体弯曲呈"S"形，相对而立，动感十足。前廊左右两侧的金刚力士像均为宋代重塑，头戴小华冠，怒目圆睁，鼻孔微张，上身赤裸，帔帛搭于双臂上，向身后飘扬。腰系战裙，束带于腹前作结下垂。赤脚站立，脚趾抓地。肌肉饱满，身体扭动幅度较大。两身力士像虽动势不同，但同样气势逼人，强悍无畏，是麦积山石窟金刚力士像中的杰出之作。

斯人已逝，其风永存。在这座千年摩崖窟龛里，在那一行行史书记载中，关于乙弗氏与麦积山的故事，永远散发着人性的光辉之美，与窟内的造像一起，经久流传。

第 43 窟左侧胁侍菩萨像（局部）（贾融拍摄）

第 43 窟右侧胁侍菩萨像（局部）（贾瀜拍摄）

第 43 窟左侧力士像（局部）（贾溅拍摄）

第 43 窟右侧力士像（局部）（贾溅拍摄）

第 44 窟——天下永宁

　　第 44 窟位于麦积山东崖中区，与第 43 窟相邻，开凿于西魏时期，为平面方形四角攒尖顶窟，大部分已坍塌。现存 4 身造像，为一佛二菩萨一弟子，均为西魏时期的原作，也是麦积山石窟西魏时期造像的代表作。

　　正壁主佛被称为"东方美人"，头束水涡纹高肉髻，面形方圆适中，鼻梁高而修直，与额头相连，五官端正，面带微笑。内穿僧祇支，于胸前系结，外披通肩

第 44 窟佛与菩萨像

第44窟正壁主佛像（张铭拍摄）

袈裟，下摆的衣纹自然垂落于佛座之上。泥层厚重的质感与水波纹式的线条融为一体，花瓣般的衣裙，线条流畅自然，层次分明，极具装饰美感，好像一朵绽放的莲花。这身主佛像整体呈现出一种端庄典雅、娴静从容、温柔亲切的母性气质。这一造像风格其实源自以洛阳永宁寺为代表的造像传统。

　　这身佛像有着明显的女性特征，与《北史》中记载的西魏乙弗皇后容貌美丽、端庄文静、善良温婉的特征相合，特别是她在人生的最后阶段落脚并止步于麦积山这个陇右佛教圣地的山间古寺，为这里唱响了一曲回肠荡气的赞歌。人们倾向于认为这身佛像是仿照乙弗皇后的形象制作的，以此纪念那位以悲剧收场的皇后。

第44窟正壁主佛像（局部）（张铭拍摄）

第 62 窟——艺臻化境

　　第 62 窟位于麦积山西崖下部，开凿于北周时期，属于小型平面方形平顶窟。窟内现存 12 身造像，主体组合为三佛，均为北周时期的原作。

　　该窟造像下启隋风，泥塑技艺和造型艺术已臻化境，其中 6 身胁侍菩萨造像尤为传神。这些胁侍菩萨身材修长，体态特征、服饰装扮等大体相似。正壁的 2 身胁侍菩萨，扭腰送胯，小腿微微弯曲，形成优美的 "S" 形站姿；头戴高冠，颈

第62窟右壁主佛像（张铭拍摄）

第 62 窟正壁右侧菩萨像（贾融拍摄）

部佩戴一串宝珠璎珞，长达小腿中部，在身前呈"U"形。造型虽略显夸张，但比例协调，姿态优美。左右壁的 4 身胁侍菩萨，戴冠梳髻，神态不一，姿态各异。有的左手平托香料盒，右手拈香料；有的一手上举，一手自然下垂，轻抚天衣。有的身姿直立，有的身躯微扭。有的沉思，有的微笑。整体布局合理，排列有序。造像面部方圆，给人一种柔美的质感。雕刻技艺精湛成熟，用弧线刻画出身姿、面庞、花冠等华丽曼妙的部分，充分表现出菩萨的温和亲切之感。用垂线刻画出衣裙及饰物的自然垂落之感，恰如其分地展现出菩萨端庄典雅的姿态。方圆的面庞与曼妙的身姿巧妙地融合在一起，细腻成熟的技法彰显出造像绚丽典雅和婀娜多姿的别样风采。

第 62 窟正壁右侧胁侍菩萨像（局部）（张铭拍摄）

第 62 窟右壁右侧胁侍菩萨像（局部）（张铭拍摄）

第 62 窟前壁右侧弟子像（局部）（张铭拍摄）

第 76 窟——精巧齐备

第 76 窟位于麦积山西崖中下部，开凿于北魏时期，隋代对窟内壁画进行了重绘。该窟平面近方形，平顶，高 1.31 米，宽 1.15 米，进深 1.2 米。此窟虽小，但造像和壁画水平均属上乘，且搭配佳妙，精巧齐备。

第 76 窟窟顶壁画（张铭拍摄）

第 76 窟窟顶壁画（局部）（贾濡拍摄）

　　第 76 窟现存泥塑造像 19 身。正壁坐佛着圆领通肩袈裟，薄衣贴体。左右两壁胁侍菩萨上搭帔帛，斜披络腋，下着长裙，佩项圈，饰腕钏、臂钏。正、左、右三壁上部及左、右壁前沿环绕一圈圆拱形小龛，共 14 个。龛内原各有一身影塑坐佛，现存 11 身，根据袈裟披覆的方式分三种类型间隔分布：一为着半披右肩袈裟，施禅定印；二为着低垂领袈裟，右手从衣领处伸出，左手握衣角置于膝部；三为着圆领通肩袈裟，施禅定印。窟内现存 5 身影塑供养人像，均身着交领宽袖衣衫。其中一身女供养人像束蜗卷式发髻，这是当时供养人服饰和发型的直观体现。窟顶绘有飞天绕中心莲花凌空飞舞，体态优美，线条灵动飘逸，色彩鲜明，构成了一个灵动多彩的空中画面。

　　该窟空间较小，仅能容纳一人禅修，但是内容齐备，空间构建完整，是一方自成天地的佛国世界。

第78窟——仇池留名

第78窟位于麦积山西崖中下部，开凿于后秦时期（384—417），也是麦积山现存的最早开凿的洞窟之一。该窟为敞口大窟，平面为长方形，顶部平而微弧，高4.35米，宽4.6米，进深2.93米。

窟内造像组合为三佛，正壁佛像两侧各有胁侍菩萨一身。其中，左壁佛像残毁严重，仅剩右腿部分，左胁侍菩萨像仅存上半身，右胁侍菩萨像为隋代重塑。主佛健硕魁梧，面部棱角分明，立体感强，露出庄严肃穆的神情，袈裟厚重但纹样细密，整体造型简练，有着明显的域外风格。正壁上方两侧各开有一圆拱小龛，左侧小龛内为思惟菩萨并二胁侍菩萨像，右侧小龛内为交脚菩萨并二胁侍菩萨像。这种小龛形制常出现在麦积山早期的洞窟中。整组造像线条精细，色彩柔和，悠然舒展，展现了麦积山石窟早期造像的特点。

第78窟右壁主佛台座上的壁画（贾濡拍摄）

右侧坛基的东向面上残留有两排男性供养人壁画，供养人身穿胡服，手持莲花或香炉，侧身虔诚而立。壁画上发现带有"仇池镇□（经）生王□□供养十方诸佛时"字样的题记，这是对该窟营建时仇池人参与其中的记载。1978 年，从窟内清理出土壁画残块 3 方，画面绘制细腻，布局丰富，色彩艳丽，给人以强烈的视觉冲击力。

第 78 窟的造像风格是在吸收印度犍陀罗艺术特点的同时，又融汇了本土绘画和雕塑的传统技法和审美情趣，反映了佛教思想及佛教造像工艺汉化的特点。

第 78 窟佛像（贾濊拍摄）

第98窟——接引众生

第98窟位于麦积山西崖的中心位置,俗称"西崖大佛",北魏时期开凿,宋、元重修,与麦积山第13窟东崖大佛遥相呼应。也是石胎泥塑,体量小于东崖大佛,为一佛二菩萨"西方三圣"组合。中间为主佛阿弥陀佛像,高12米;左侧应为观世音菩萨像,残高7.7米;右侧为大势至菩萨像,高8米。该窟原有窟檐和木构楼阁予以保护,现仅存残木数根。20世纪80年代在对佛像进行保护修复时,在佛像的胸部位置发现了作装藏之用的元代钱幡,纵长123厘米,横宽28厘米,由292枚钱币串联而成。钱币有10余种,多为唐、宋、元钱币,其中宋代钱币最多,最晚的为元代钱币。除少量钱币破损外,其余均保存完整。

主佛面形方圆,双目平视,额间有白毫相,内着僧祇支,外披双领下垂袈裟,左臂屈肘,左手平直前伸,手部泥层已脱落,只剩木骨,右手自然下垂,握袈裟一角,跣足立于云朵之上。左胁侍菩萨像,外部泥层已损毁,仅剩内部胎体和木桩及桩孔。右胁侍菩萨,头戴冠,微微左偏,侧身向佛,神情淡然,着菩萨装,身佩长璎珞,左手提法器自然下垂,右手持莲蕾置于右肩前,跣足立于云朵之上。主佛和胁侍菩萨脚踩祥云,飘然而立,发大愿,接众生,已是千年。

出土钱幡(孙苑拍摄)

第 98 窟佛与菩萨像（孙永刚拍摄）

第115窟——开窟景明

第115窟位于麦积山西崖上部，开凿于北魏景明三年（502），是麦积山石窟中唯一一个有明确开窟纪年的洞窟。该窟平面为方形，属于平顶小型窟，高1.07米，宽1.06米，进深1.3米，专门用于僧人观像禅修。

窟内正、左、右三壁均塑有低平台，正壁前砌有长方形台座，左、右两壁前各有一圆形莲台。

窟内共有9身塑像：正壁有主佛像1身，左右壁各有1身胁侍菩萨像，左右壁靠近窟顶处有影塑坐佛像6身。正壁主佛，面容瘦削，嘴角微翘，神情淡然，肩平背直，内着僧祇支，外披覆肩袒右式袈裟，衣纹阴刻，有垂坠的质感，右手施无畏印，左手施与愿印，结跏趺坐于佛座之上。左右胁侍菩萨大小相等，衣饰、姿态相似，右手拈花贴于胸前，左手提净瓶自然下垂，身姿微扭，跣足立于莲台之上，给人一种轻盈舒展之感。

第115窟的壁画保存完整，内容丰富，多为禅修内容和佛教故事。正壁佛背光两侧空隙处所绘壁画，左上方有一禅僧坐于结庐之中，中部有两个老者相互搀扶，下方有一只朱鹮；右上方有一禅僧手捧经卷坐于蒲团之上，中部有一阁楼，下部有一人坐于阁楼之中。左壁菩萨像右侧绘有一佛坐于双树林中。右壁菩萨像左侧绘有竹林、房屋、两翅人、托举力士等。窟顶正中画一摩尼宝珠，一条龙围珠旋转，四周飞天环绕。

佛座正面墨书题记中的"大代景明三年（502）九月十五日遣上□（邦）镇□（司）张元伯……"等文字，使得该窟成为麦积山石窟洞窟考古分期和断代的重要标杆，具有重要的史料和考古价值。

第 115 窟全景（贾濡拍摄）

第 115 窟主佛台座上的题记（贾濡拍摄）

第 121 窟——闻法欢喜

第 121 窟位于麦积山西崖上部，开凿于北魏时期，宋代重修，为平面方形覆斗顶窟。该窟的正、左、右三壁各开一方拱形深龛，龛内各塑一佛，外部有浮塑莲瓣形龛楣，龛楣下方各有一基座。

窟内现存北魏原作的两组经典造像，犹如妙手天成，将听闻佛祖说法，心有所感所悟，欢喜之间，却仍然谨记所处场所神圣，不得喧哗和言语，只能与身旁同在听法的同伴意会的情形表现得淋漓尽致。当时的工匠主要通过造像的肢体语言、眼神及笑容来表现精妙佛法的妙不可言，显示出他们对定格的画面和自然的细节的巧妙利用。正是这一绝妙的处理方式和表达艺术，使其成为中国石窟造像中最为传神的经典组合。

在其中一组造像中，弟子身穿翻边双领下垂袈裟，下着长裙，双目似开似闭，嘴唇微微抿起，表现出专心聆听和闻法欢喜的神态。旁边的菩萨身材修长，头束扇形高肉髻，身穿褒衣博带式上衣，下着长裙，足穿云头履，神情怡然自得。弟子与菩萨上身微微前倾，头挨头，肩并肩，肘挨肘，相互依偎。弟子双手将拍未拍，半开半合，显示出闻法欢喜却又忍住不去鼓掌赞叹的状态，能够引发观者的无限遐想以及一种油然而生的喜悦。这使得本来严肃的佛教洞窟有了俏皮、灵动和自然的氛围，表现出一种世俗人间的温暖与生活气息。这是对以佛教造像来表现佛教经典内容的突破和创新。从这两组作品中能看出古人对细节捕捉的神妙，以及由此体现的蓬勃生命力和创造力。

第 121 窟 胁侍菩萨像（贾灏拍摄）

第 121 窟胁侍菩萨像（局部）
（张铭拍摄）

第 121 窟菩萨与弟子像（局部）
（贾濡拍摄）

第 123 窟——维摩自在

第 123 窟位于麦积山西崖上部,开凿于西魏时期。洞窟内正、左、右三壁各开一圆拱半壁浅龛,左右壁龛前的坛基上有方形佛座。洞窟内的造像主要表现的是《佛说维摩诘经》中文殊问疾的场景。正壁塑释迦牟尼佛像。左右壁龛内分别塑维摩诘像和文殊菩萨像,相对而坐。

维摩诘顶束高发髻,双目俯视,细颈削肩,身着对襟外衣,衣纹稀疏简洁,下摆垂于座前,左手自然搭于膝盖之上,右手伸五指举于胸前,显得潇洒自在、气定神闲。文殊菩萨眉目清秀,身着交领裙衫,腰间系带作结,外披帛带,帛带自双肩垂下,身躯微微前倾,左手掩于衣袖内,右手放在身前,表现出一种沉着无畏、神情自若的智慧形象。有意思的是,维摩诘的方座明显大于主佛与文殊菩萨的基座,显示出维摩诘作为故事主角的特殊待遇。此刻维摩诘和文殊菩萨似乎正在进行激烈的辩论,一方娓娓道来,一方侃侃而谈,禅机四溢,妙语连珠,让观者仿佛身临其境,满是折服和赞叹。

窟门两侧分别立有一身童男像和一身童女像。童男头戴露顶毡帽,身穿圆领窄袖长袍。童女头梳双环丫髻,内穿圆领长袖衣,外穿喇叭裙。这两身造像眉眼之间都流露出天真无邪的童趣感,显得稚气可爱,犹如佛国精灵。

第 123 窟童男像（局部）（贾漴拍摄）

第 123 窟童女像（局部）（贾漴拍摄）

第 123 窟维摩诘像（贾漴拍摄）

第 123 窟文殊菩萨像（贾漴拍摄）

第 127 窟——天宫华彩

第 127 窟位于麦积山石窟西崖西上部，开凿于西魏时期，为大型平面横长方形盝顶窟，四披均呈梯形。窟高 3.94 米，宽 8.56 米，进深 4.65 米。该窟与第 43 窟后室形制相仿，是一座石窟与墓葬功能相结合的纪念性功德窟，主要纪念的是西魏文帝的乙弗皇后。窟内造像为北朝时期麦积山石窟最流行的三佛题材。正壁龛一佛二菩萨是一组镶嵌在龛内的石雕造像。主佛弯眉细目，双唇微启，安静祥和，左手施与愿印，右手施无畏印，结跏趺坐于方形佛座上。其身后巨大的石雕背光上雕刻有多层浮雕莲瓣、缠枝莲花、化佛、弟子及 12 身伎乐飞天等。两侧菩萨身躯纤细，造型优美。

该窟内四壁及窟顶满绘壁画，为多幅大型经变画和本生画，主要表现了涅槃、西方净土、七佛、善恶轮回、慈悲、牺牲、孝道等主题。壁画的题材和内容整体围绕着乙弗皇后进行组合描绘，展示了她的慈悲、大爱、善良等品格，同时引入净土和地狱的轮回观念，构建了一个包含善恶有报、天道轮回等思想观念在内的净土世界。创作意图明确，表现出强烈的情感诉求。

该窟中的壁画是中国美术史上不可绕过的经典遗存，其造像也代表了当时西魏王朝的皇家水准。

第 127 窟正壁主佛像（局部）（贾融拍摄）

第 127 窟左壁左侧菩萨像（局部）（贾融拍摄）

第 127 窟正壁左侧菩萨像（局部）（贾濡拍摄）　　　　　第 127 窟正壁右侧菩萨像（局部）（贾濡拍摄）

第 127 窟《睒子本生》壁画

第 133 窟——万菩萨堂

第 133 窟位于麦积山西崖东上部,开凿于北魏时期,五代、宋、元皆有重修,是麦积山石窟中窟内面积最大,且存有文物数量最多的一个洞窟。五代王仁裕在《玉堂闲话》中称其为"万菩萨堂"。因存有 18 通石刻造像碑,又被称为"碑洞"。在明代又被称为"极乐堂"。

在第 133 窟的众多造像中,最具代表性的为小沙弥像。小沙弥高 0.89 米,头微微偏向右侧,细颈溜肩,面带笑容,看起来像 10 岁左右的孩童,单纯稚气的微笑极具童趣感。当时的工匠用精湛的技艺将造像喜悦和羞涩的神情刻画得惟妙惟肖。造型简洁,没有任何多余的刻画,却给人一种充满无限美好希望的力量感,也让人感受到一种纯洁质朴。

在第 133 窟中,还有宋代制作的一大佛一小佛的经典泥塑组合——"释迦会子"。释迦牟尼身体前倾,右手微抬。小佛罗睺罗双手合十,双目下视。高大庄严的佛陀有着父亲伟岸的身影,停留在半空的右手体现出隐忍的爱意。这组造像不仅把释迦牟尼既是人间慈父,更是世外圣人的复杂情感真切地表现出来,还象征着世间千千万万的父亲对自己孩子深沉无声的爱。通过自然光线的映照,我们好像能看到释迦牟尼明亮的眼中充满了泪水,既像是多年未见到孩子的激动之泪,又似多年未给予孩子父爱的愧疚之泪。无论是哪一种,我们都能感觉到工匠通过造像在向我们讲述一个动人的父爱故事,让我们仿佛身临其境地体验佛国世界的庄严寂静和温暖人间的浓浓亲情。

第 133 窟小沙弥像（局部）（贾融拍摄）

第 135 窟——号为天堂

第 135 窟位于麦积山西崖东上部，开凿于西魏时期，是麦积山西崖三大窟之一，也是西崖上开凿位置最高的洞窟，俗称"天堂洞"。洞窟平面呈横长方形，平顶，高 4.65 米，宽 8.84 米，进深 4.71 米。前壁上部凿有 3 个呈"品"字形的明窗——第 135 窟是麦积山石窟中唯一保存有明窗的洞窟。窟内现存造像 15 身，其中泥塑造像有 12 身，石雕造像有 3 身。主体造像为西魏时期原作，北周及宋皆有补塑。

窟内造像均属精品。洞窟中间立有一佛二菩萨石雕造像。主佛姿态优雅，跣足立于覆莲台上，面部祥和，神情愉悦。左右胁侍菩萨衣着华丽，配饰精致，头部残损。宋代补塑的泥质头像也已掉落，现存于文物库房。

窟内壁画为西魏时期原作，为大型经变画，场面宏大，与第 127 窟关系密切。

该窟位于西崖最高处，五代王仁裕曾经攀缘而上，冒险登临，极目远望，豪气油然而生，遂在窟内挥毫作诗，题写于壁面之上："蹑尽悬空万仞梯，等闲身共白云齐。檐前下视群山小，堂上平分落日低。绝顶路危人少到，古岩松健鹤频栖。天边为要留名姓，拂石殷勤手自题。"诗景相宜，成为佳话。斯人已逝千余载，留壁诗也已湮没难觅。登临此处，凭吊怀古，真有"我见众山皆草木，唯有见你是青山"之感。

第 135 窟内景（贾海拍摄）

第 135 窟石雕菩萨像（局部）（贾涵拍摄）

第 135 窟正壁右侧菩萨像（局部）（贾漶拍摄）

第 135 窟正壁右部《八王争舍利》壁画（孙苑拍摄）

第 142 窟——母子供养

第 142 窟位于麦积山西崖中上部，开凿于北魏晚期。平面呈方形，平顶，高 2.15 米，宽 2.03 米，进深 2.54 米。

窟内造像十分丰富，主体组合为三世佛。正、左、右三壁分别塑有释迦牟尼佛、过去佛和代表未来佛的交脚弥勒菩萨，均身穿褒衣博带式袈裟，大气舒展，装饰华美。

影塑的大量使用是该窟的一大特点。大量的千佛与说法像高低错落，大小各异，使得该窟呈现出满壁皆是佛的景象。正壁的左右上部各悬塑一猴头和一象头，这样的形象和组合在麦积山石窟仅此一例，表现的应该是"象（鸟）本生（因缘）"，即释迦牟尼佛因舍利弗与大目犍连未受恭敬而说前世象、猴、鸟长幼相敬之故事。正壁右侧第二层所塑的母子供养人像也是神来之笔。虔诚的母亲带着小儿前来礼拜佛陀。母亲头戴笼冠，面容和蔼，穿宽敞的通肩大衣，裙裾覆脚，右臂侧伸，右手举瓶状供器，左手牵小儿右腕。小儿梳小髻，穿裲裆衫，左臂下垂，身体紧贴母亲。这组供养人像将世俗场景中的母子情深表现得自然又生动。

该窟的壁面和空间利用率非常高。在这样一个较小的空间内，构建了一个立体又丰富的三世佛场景。造像、影塑、壁画组合紧凑，自成一体，层次分明。别出心裁的表现方式和因势利导的壁面处理，显示出工匠技艺的运用自如。这些使得该窟成为麦积山石窟中北魏晚期的经典洞窟。

第142窟右壁主佛像（贾融拍摄）

第 142 窟母子供养人像（孙永刚拍摄）

第 142 窟正壁左侧上部猴头像（孙苑拍摄）

第 142 窟正壁右侧上部象头像（孙苑拍摄）

第 147 窟——衣相天成

第 147 窟位于麦积山西崖东上部，开凿于北魏晚期，大半坍塌，现仅存正壁。窟高 1.88 米，宽 1.85 米，残留进深 0.73 米。

正壁开龛，浮塑尖拱形龛楣，龛楣两端塑有花卉及流苏。龛内有一身坐佛，高 1.17 米，清瘦优雅，面部光滑，棱角分明，眉目细长，双目微微下视，嘴角隐隐带笑，属于典型的秀骨清像。佛像彩绘已脱落，似是历经千年风霜洗礼，已洗尽铅华，超脱世外，又似在怜悯众生。佛衣宽袍系带，衣摆层次丰富、飘然欲动，是典型的北魏汉化改革后的褒衣博带式。这身造像，将秀骨清像的形态特征与褒衣博带的衣饰特点完美结合，是佛教造像完全汉化的绝佳代表。

龛内壁画脱落严重，保存较少，仅残存坐佛头光、背光。头光依稀可见五圈，为圆形。背光最外侧为青蓝相间的火焰纹。其余壁画内容模糊不可辨。现存壁画的颜料以蓝色和青色为主，少量蓝青色颜料为青金石制成。

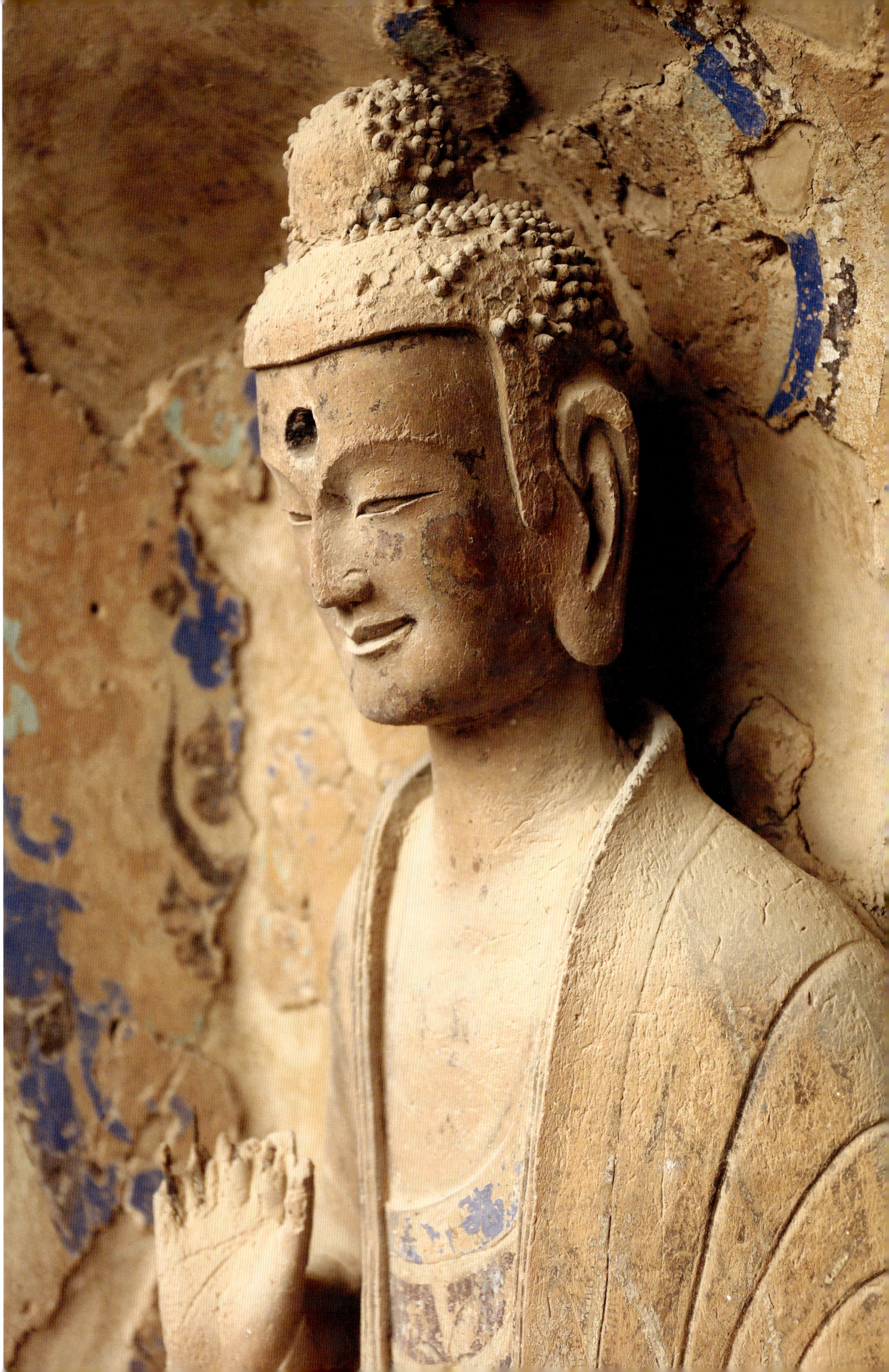

第 147 窟主佛像（局部）（张铭拍摄）

第 159 窟——代亲供养

第 159 窟位于麦积山西崖东上部，开凿于北魏时期，为小型洞窟，平面呈方形，平顶。窟高 1.13 米，宽 1.35 米，进深 1.14 米。该窟榜题保存较多，内容丰富，是一座供养人代亲供养的功德窟。

窟内正壁塑一坐佛像，左右两壁各塑一胁侍菩萨像。正壁主佛结跏趺坐于须弥座上，端肩平胸，神态庄重。左右两壁胁侍菩萨跣足立于双层台座上，头戴宝冠，清秀端庄。三个壁面上各塑三层坛台，上贴影塑。上两层坛台上多为坐佛像、交脚菩萨像和思惟菩萨像，共计 26 身。下层坛台上为比丘及供养人像，共计 19 身。供养人像旁均有墨书榜题，可见"亡母龙欢姬供养佛""比丘僧果供养佛""亡父李道生供养佛""亡兄阿舍供养佛""亡侄孟虎供养佛""亡息（媳）阿奴供养佛"等字样。众亲离世，逝者已去，生者尚须继续负重前行，人生悲苦不可细思量，令人不胜唏嘘。

第 159 窟正壁主佛像（卢娜拍摄）

第 159 窟影塑供养人像（张铭拍摄）

第 159 窟影塑菩萨像（张铭拍摄）

　　窟内壁画整体以白色为底，壁面穿插绘有莲花、莲叶及莲蕾。窟顶绘圆形莲花及莲花化生，彩绘颜色以绿色为主，氛围庄重肃穆。

　　窟内坐佛像与菩萨像宝相庄严而慈悲，供养人像温厚敦和、生动形象。反复出现的菩萨形象与窟顶绘制的莲花化生寄托着发愿者对逝者往生净土的美好祈愿。在这样一座代替众多亲人供养的洞窟里，满壁皆是思亲泪。诚心供养，以寄哀思，便是供养人开凿该窟的初心。

第 165 窟——素面佛心

第 165 窟位于麦积山西崖东侧，开凿于后秦时期，是麦积山石窟中开凿最早的洞窟之一。该窟坐北朝南，前部坍塌，平面现呈长方形，高 3.85 米，宽 4.6 米，进深 2.4 米。

窟内现存的 5 身泥塑造像均为宋代重塑。其中正壁左右 2 身女性供养人像和左右壁的 2 身菩萨像，不管是从体量上还是造像艺术水准上看，都是麦积山石窟宋代造像的代表作。

正壁左右两侧的女性供养人像，是麦积山石窟现存的最高、最大的供养人像。造像为鹅蛋脸、柳叶弯眉，五官紧凑，头戴花冠，着世俗装，长裙曳地。整组造像未施彩绘，展示出素雅之美，肃然立于主尊像两侧，虽手中所持之物已经不存，然气场不减。

左右两壁的胁侍菩萨束高发髻，戴头巾，鹅蛋脸，三瓣唇，弯眉细目，短颈削肩，内着僧祇支，外披双领下垂袈裟，跣足立于莲台上，仪态端庄，雍容华贵，优雅中透着从容，恬淡中充满自信，俨然是当时人们心中最美的救苦救难的观世音菩萨。

第 165 窟左侧供养人像（贾潋拍摄）　　　第 165 窟右侧供养人像（贾潋拍摄）

第一〇五窟左壁菩萨像（局部）

下篇

瑞应遗珍　碑中往事

第 133 窟 1 号造像碑

——观想千圣修禅观

　　第 133 窟 1 号造像碑为北魏晚期的千佛碑，花岗岩材质，通高 183 厘米，宽 59 厘米，厚 15 厘米。半圆形碑首，四面碑体，碑座为现代补作。碑首边缘雕有莲瓣纹饰，左右两侧下部内收，雕有群山，象征着佛陀说法的圣地——灵鹫山。

　　碑额开龛，龛内莲花台上为一佛二菩萨像，龛外两侧有胁侍菩萨像，下部佛座左右分别有坐佛像 3 身，龛下两侧雕有起伏的山峦，表现的是释迦牟尼佛在群峰环抱的灵鹫山说法的场景，画面宁静祥和。

　　碑身呈长方形，前、后、左、右四面全部密集雕刻着佛像，共计 1301 身，是名副其实的千佛碑。千佛大多有圆形头光、磨光肉髻，面形长方，结跏趺坐，不露足，双手作禅定印，覆盖于袈裟内下。千佛的头光多数用石绿色，少数用白色，袈裟处的颜色大多脱落，偶有保留赭石色的，面部均用肉色。正面右立菩萨头光左侧有墨书题记，表明供养人的供养情况，如有 5 身千佛头光上题"不住五尊""某某妆此"等。正面下部素面上也有墨书题记，左侧亦有墨书题记，现已漫漶不清。碑首正面上方右侧立的菩萨，头光左侧刻有"保才一二庄"，头光右侧刻有"佛一尊"。众多的供养人题名，显示出这通造像碑是众多供养人通过集资的方式共同供养的，这也是北朝时期邑社造像流行的写照。

　　千佛相接，每一身均精雕细刻，令人目不暇接。以灵鹫山说法作为碑额内容，使得该碑的象征意义明确而直观。

第 133 窟 1 号造像碑（孙永刚拍摄）

第133窟10号造像碑
——前尘往事一念间

第133窟10号造像碑为北魏晚期的作品，又称"佛传故事碑"，主要内容为佛祖释迦牟尼的生平事迹。碑以竖向排列的三世佛为中心，周围环绕佛传故事，象征着佛法的延续。花岗岩材质，通高138厘米，宽78厘米，厚12厘米，碑首为半圆形，碑身呈长方形。碑身断裂，1985年进行了拼粘。

该碑碑阴和两侧无雕刻，正面分上、中、下3栏，雕有大小不等的14个画面和100多个不同身份的人物。上栏中间尖楣圆拱龛内为二佛并坐；左侧上层为思惟菩萨、阿育王施土，下层为释迦牟尼涅槃的场景；右侧为释迦牟尼断发出家的场面。中栏中间方格内为盝顶帷幕龛，龛内雕交脚弥勒菩萨，二菩萨侍立两侧；左侧上层为乘象入胎，下层为降伏外道；右侧上层为树下诞生、步步生莲和九龙灌顶，下层为燃灯佛授记。下栏中间尖楣圆拱龛内雕一佛二菩萨，佛结跏趺坐；左上方为文殊问疾，右上方为鹿野苑初转法轮；下方两侧为挑檐屋形龛，龛内雕四天王和双狮。

该碑的雕刻沿用了北魏前期的平直刀法，圆雕、浮雕、透雕和线刻相结合。碑面布局精巧，构图严谨，层次分明，内容丰富，故事情节与雕刻形式搭配得娴熟自然，人物刻画细腻生动，技艺精湛。它是珍贵且少见的连环画形式的佛传造像碑，代表了中国古代石刻造像由两汉画像石传统发展而来所取得的高度艺术成就。

第 133 窟 10 号造像碑（孙永刚拍摄）

第133窟16号造像碑

——三佛相续祈安康

第133窟16号造像碑为西魏时期的作品，材质为细砂岩。无碑额，碑体为长方形，通高183厘米，宽90厘米，厚12厘米。

该碑正面从上至下分4栏雕刻。第一栏中间龛内上部雕刻3身坐佛，下部雕刻5身坐佛。上部的3身佛应是未来佛，下部的5身佛应是现在佛，工匠用不同方位的5身佛代表现在十方佛。第一栏左右两侧上层帷帐龛内雕刻两对并坐佛，均为释迦、多宝二佛。第一栏左侧下部刻一佛二弟子，释迦左手施无畏印，右手施与愿印，作说法状。释迦左侧的弟子手中持钵欲出行，临行前扭头面向释迦，聆听释迦教诲。第一栏右侧下部刻一佛二菩萨，其中佛结跏趺坐，作禅定印，是为释迦禅定。第二栏上层的7身佛为过去佛，而第二栏下层与第四栏的两层7身佛表现的是千佛。第三栏帷帐龛内雕刻的是3身弥勒佛共坐须弥座，以此表现《弥勒下生成佛经》中弥勒在华林园龙华树下三会说法的情节。第四栏雕刻上下两排坐佛，各7身，均结跏趺坐。上排7佛外着双领下垂袈裟，刻有背光。下层7佛着圆领通肩袈裟，也刻有背光。

16号造像碑布局完整，雕刻精美生动，既可看出三世佛、法华思想在麦积山石窟的流行，也反映出供养人对于弥勒下生的信仰，是信众美好愿望的直观展示。我国著名雕塑家刘开渠先生认为，该碑是北朝时期最好的造像碑之一。

北魏法生造像碑（孙苑拍摄）

北魏法生造像碑

——洛阳比丘来开龛

　　北魏法生造像碑现藏于麦积山石窟艺术研究所文物库房，因其发愿文中载有"大魏……沙弥法生……于麦积崖造龛一所……"而得名，为北魏晚期作品。右下角残断，高45厘米，残宽38厘米。正面分上下两排雕刻。上排连续开凿一行5个圆拱形浅龛，每龛高8厘米，宽5厘米，其内各雕刻1身坐佛。坐佛面部圆润，五官漫漶不清，着双领下垂袈裟。下排刻发愿文，共12行，满行12字。

　　该碑颇受关注之点在于发愿文中所提北魏时期来自洛阳的沙弥法生"于麦积崖造龛一所"，这是对各地石窟寺在发展历史中相互之间存在文化交流的直观表现。北魏晚期麦积山石窟艺术的中国化特征已非常明显，继受到云冈石窟的影响之后，又受到了以龙门石窟为代表的中原佛教艺术的影响，而此碑中所说俗家姓刘的洛阳沙弥法生于此开窟的举动正是两地文化交流的直接佐证，同时说明僧人在这一历史潮流中所起的推动和实践作用。龙门石窟古阳洞中有一名为法生的比丘于北魏景明四年（503）为孝文帝及北海王元祥母子开龛造像。关于这两个法生是否为同一人，学界颇有争论，而麦积山法生是为谁开的洞窟目前还未能确认，因此该碑尚存许多未解之谜等待我们去破解。

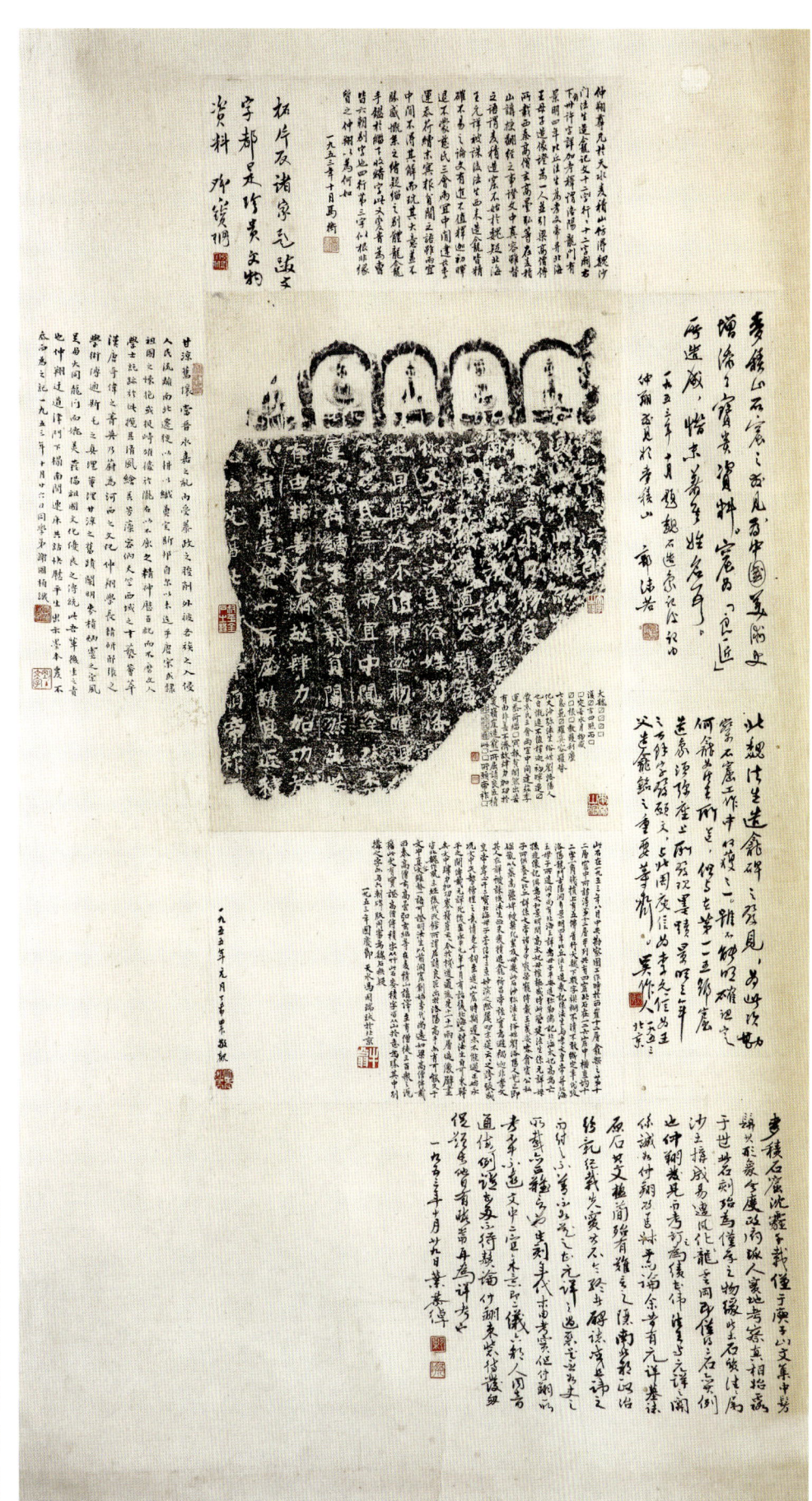

冯国瑞捐《北魏法生造像碑》拓片及题跋

秦州雄武军陇城县第六保瑞应寺再葬佛舍利碑

——全因灵芝瑞应至

该碑碑首刻有碑名"秦州雄武军陇城县第六保瑞应寺再葬佛舍利记",为北宋靖康元年(1126)再葬舍利时所立,现藏于麦积山石窟艺术研究所文物库房。原为长方形,现已缺一角。横长75厘米,纵长42厘米,厚0.8厘米。碑文为阴刻楷书,16行,满行20字。

碑文已不全,主要记录的是北宋时期麦积山重修寺院和再葬舍利的情况,其中关于麦积山石窟历史及寺院沿革的记载,有极高的史料价值。碑文中"始自东晋起迹,救赐无忧□(寺)"是对麦积山石窟寺院之名最早的记录,"次七国重修救赐石岩寺"是对北朝初期麦积山石窟发展情况的说明,"大隋救赐净念寺,大唐救应乾寺"是对隋唐时期寺院发展和寺名的直接记录。宋徽宗时,麦积山石窟山顶舍利塔附近发现有38株灵芝,这是麦积山寺院被赐名"瑞应寺"之由来。此名一直沿用至今。

《秦州雄武军陇城县第六保瑞应寺再葬佛舍利碑》拓片(孙永刚拍摄)

四川制置使司给田公据碑
——因田诉官示后人

　　该碑刊刻于南宋嘉定十五年（1222），现立于麦积山石窟瑞应寺天王殿前檐山墙内。通高 168 厘米，宽 98 厘米，圆额。首行刻碑题，碑文为楷书，47 行，满行 78 字。

　　南宋时期，宋金战争导致兵火连年不断，天水所在的秦州地区备受战争侵扰。在这种背景下，麦积山寺院原有的常住田变成了官军的屯田，更是被忠义军打劫。该碑碑文记录的正是当时的住持重遇大师申诉并解决此事的前因后果。

　　这是一个复杂而又颇多波折的历史故事，也是一场持续 10 年、前后经历数次的艰难诉讼。先是麦积山寺院的田地被屯田官登记收缴，成了屯田。后于嘉定元年（1208），以李寔、张钧等为首的一队忠义军打劫了寺院，抢走了钱财、粮食，同时将寺院的铁钟和铁锅也打劫而去。据记载，铁钟和铁锅加起来重达 10700 斤。重遇大师一纸诉状将李寔等告到宣抚司，责令李寔等赔偿财物，但寺院的常住田被划为军队屯田的事情并没有解决，而李寔等也只是象征性地赔付了生铁 3000 斤。重遇大师于嘉定七年（1214）又将诉状递交到四川安抚司，无果。再将诉状递交到户部，最终由户部下达判决文书，归还了寺院田产，并给寺院颁发了田地证明（公据），此事才算画上句号。为了记录和昭示此事，便有了这通石碑。

　　该碑记录的事件中包含着众多历史、地理、官职、行政区划、寺院经济、机构设置等复杂信息，具有重要的史料价值。

四川制置使司给田公据碑（贾融拍摄）

《四川制置使司给田公据碑》拓片（孙永刚拍摄）

‖重刻麦积崖佛龛铭序碑
——千载雄文彰麦积

该碑现立于麦积山石窟瑞应寺天王殿左侧，刻于明嘉靖四十三年（1564），由明代冯惟讷题跋识，甘茹书丹，重刻已经遗失不见的庾信所作的《秦州天水郡麦积崖佛龛铭并序》。螭首方座，通高 386 厘米，宽 108 厘米，厚 27 厘米，碑阴为甄敬题诗刻石。为青岩石质，碑身断裂数块后又重新粘接。

《秦州天水郡麦积崖佛龛铭并序》为开凿麦积山第 4 窟的北周大都督李充信邀请庾信而作，对仗工整，文采飞扬，是一篇难得的骈体文佳作，也是庾信的代表作之一，收录于《庾子山集》，得以传世，并成为麦积山石窟历史上不可多见的专属文学作品。

此文以灵山麦积崖俊秀的地理环境开篇，提及"是以飞锡遥来，乘杯远至。疏山凿洞，郁为净土。拜灯王于石室，乃假驭风；礼花首于山龛，方资控鹤"的开窟礼佛之盛景，后以"大都督李充信者……奉为王父造七佛龛"说明开窟的功德主，更以"昔者如来追福，有报恩之经；菩萨去家，有思亲之供"直述开窟之缘由。文中"壁累经文，龛重佛影，雕轮月殿，刻镜花堂，横镌石壁，暗凿山梁"直观地体现了第 4 窟的富丽堂皇，"方城（域）芥尽，不变天宫"更是写出了第 4 窟的规模宏大及影响深远。

总之，此文兼有叙事、抒情及述景，极具史料价值和文学价值，乃彰显麦积山石窟历史文化之千古雄文，于右任曾撰联"艺并莫高窟，文传庾子山"以颂。2023 年，该碑被国家文物局列入《第一批古代名碑名刻文物名录》。

秦州天水郡遂椿□佛龛铭拜序

麦积崖者□龛岷之□河西之灵嶽吾山寻云采□崖方之鹫岛近

道乍宽手扬戍□雲处□墨忽已垂天树若桂华朝能佛日□是以飞锡

三禅璧彼鹤鸟虚飞六日鸟

南凤栴云鉴□道奉為王父造七佛龛似刻浮檀如攻水玉従容满月照

来秉怀远至此山輦间窣堵净

生拜灯□假风礼花首於山龛方资控鹤□

之经菩萨影现须弥香闻切利璧之南

野还跟乾洪之堂循彼香山更对安居之佛昔者如来追福有报恩

雕青莲影现须植深悟决此乃拆璧之

鎮地郁盘基乾嶒挺若开十上铜梁九息百仞崖横千寻松直阴兔假道明阳鸟飞翼载董斑山穿龛架岭

地宝

乱纷星汉廻旋光景璧经文龛重佛影雕轮月殿刻镜花堂鐫石璧山梁雷秉法皷树积天香

嗷泉映谷水尘高林集灵真馆藏仙册府芝洞秘房檀林春乳水谷银沙山楼石柱其领其云同峰别

冀城馀俗河西旧寛风声幽咽山势崐峒法云常住惟乐窟方城斧之石不变天宫

子山新野人仕梁景官右衛将军聘于西魏屡魏师南讨遂留长安江陵之同好俾後来者有所考焉

综理该辞义典则所碑版不傅遗文湮滅乃命工伐石列置山隅将入之累遷开府仪同三司司宗

中大夫博学工文辞龙冈长于诗有集若干卷傅于世观其图寫山形標揚法界事

赐进士出身朝列大夫河南布政司参议前陕西按察司分巡陇右道佥事北海冯淮訒识

嘉靖岁次甲子孟秋吉日

賜进士出身奉议大夫陕西等处提刑按察司分巡陇右

赐进士出身奉议大夫陕西等处提刑按察司分巡陇右□□事廿茹书

周庾信千□撰

麦积山开除常住地粮碑

——名刹中兴僧众安

  该碑现立于麦积山石窟东崖门口，明崇祯十五年（1642）刊刻，通高 121 厘米，宽 70 厘米，厚 22 厘米。碑首方形，正中竖列阴刻双钩篆书"大明"二字。碑面左右有线刻的二方连续忍冬纹图案。首行刻碑题，碑文为楷书，共 18 行，满行 30 字，姚隆运撰书，保存完好，字迹清晰。

  碑文记述了巡道范学颜驻寺，闻知寺院僧人生活困难，遂免去其常住地粮，并且由值州守毛凤冠申请开除详文，并告知乡里，不得混催比缴等，为寺院解决了重大困难。寺院僧人感念范、毛二公"名刹中兴，僧行安生"善举之德，遂勒石立碑以纪。

  碑文所记"麦积山为秦地林泉之冠其古寺系历代敕建者有碑碣可考自姚秦至今一千三百余年香火不绝"，是麦积山有碑碣可考的关于石窟开凿年代的又一历史资料。碑文也记录了麦积山寺院常住田以及所种燕麦、小荞等农产，寺院僧人窘迫的生存状态，以及因匪寇之乱寺院维持艰难等信息，因而是研究陇右地区明代寺观经济比较可靠的材料和佐证。

  2023 年，该碑被国家文物局列入《第一批古代名碑名刻文物名录》。

麦积山开除常住地粮碑（贾融拍摄）

大師

麥積山開除常住地糧碑

按廣輿記稱麥積山為秦地之冠其古絲歷代勒建者有碑碣可攷自姚秦至今一千三百餘年香火不絕林壑蒼崖之間天然奇景也杜甫李白詩中俱有題咏忠云何興發五嶽競高矢舊彀龍麥小喬等寥產靈芝聖燈貝光炤耀林詩云野寺殘僧火山田曉競高矢舊彀龍麥小喬等寥二十畝皆脊薄陰寒陝磵一方名勝際霜落秋前所出不過麥二斗九斗五升各蒙催家山僧多窮資生杜香火田鄉殘僧火山田佃占下逐妄告增糧二苦九斗五升僧常住地原不入糧額半薰莫致寺重困之後牛種無出地全荒蕪佃户已填溝壑而催輸者不前逃門不休見寺僧采色未難問及香火之資僧人能悲泣訴前因公

巡道范老公祖征逸駐寺見法堂前草深一大良可惜也幸入州守毛父母神明慈諒具有佛種菩欲然仍頭藉是作一大因緣事申請開除文慨然尚劘切懇空棠何追呼不免此地方官之羞也即准訴察免又幸值二公之德極劘切懇空棠幾何追呼不免此地方官之羞也即准訴察免又幸值二公之德僧行安生矢竊念三世諸佛老混混宰官身護法國儲貼賠其害遂足以累山靈二公之德范公祖暨父母有鄉愚妄訐及里老混宰官催詐騙者本寺僧詳呈富順縣人丁卯鄉進士范公不朽如是矣本寺僧慧堂進香隨緣敬具僧慧富順縣人丁卯鄉進士范公諱學顏山西萬泉縣人辛酉鄉進士毛公諱鳳

崇禎十五年九月十五日庚午舉人姚隆運撰

《麦积山开除常住地粮碑》拓片（孙永刚拍摄）

麦积山瑞应寺常住香火田地四至碑

——碑载四至免蒙混

　　该碑现立于麦积山石窟瑞应寺大殿前廊山墙内,清乾隆二十九年(1764)由费廷珍等刊刻。碑体通高144厘米,宽63厘米,圆首方座。碑首有一组对称的腾云飞龙戏珠,宝珠下方格内有楷书"百代流芳"。碑身四周有线刻回纹边栏。首行刻碑题,碑文为楷书,共24行,满行39字,主要记载了麦积山石窟寺田的划分范围,以免"年远日久,复生蒙混,垂为碑记,世世清白"。

　　该碑为我们提供了清乾隆时期麦积山石窟及瑞应寺的一些重要史料和线索。从碑文可知,这时候的麦积山和瑞应寺仍香火旺盛,殿宇辉煌,寺院常住田面积广阔,其范围"东至天池坪高岭为界,南至老庵大梁为界,西至庙沟梁为界,北至前湾石堡为界"。圆慧禅师作为前任住持,为麦积山石窟及瑞应寺的重修做出了重要贡献。冯国瑞先生在《麦积山石窟志》中提到的乾隆时期麦积山瑞应寺临济正宗第三十六世圆慧禅师正是此人。该碑刊立时,圆慧禅师已经圆寂,故而这也是接任住持之位的湛然禅师为其师圆慧禅师所刻的功德纪念碑。

　　2023年,该碑被国家文物局列入《第一批古代名碑名刻文物名录》。

麦积山瑞应寺常住香火田地四至碑（贾融拍摄）

《麦积山瑞应寺常住香火田地四至碑》拓片（孙永刚拍摄）

后　记

时光如梭，仔细算来，我到麦积山石窟上班已经 17 年了。当年的懵懂青年如今已年过四十，却仍离不惑甚远，路漫漫其修远兮，唯有叹息。

在麦积山石窟待久了，会让人不由自主地融入并心生归属感，自然而然也便成为石窟的一分子——或许是那一抹微笑，或许是那一种神情，更或许是那同样的坚守。在这里，我得到了心灵的安宁和发自内心的平静，体验到了相对无言却又在自在不言中的恍如隔世。随手的点滴记录，突现的灵光感悟，都是对这一神圣空间的切身体会和自我认知。每次日落时驻足凝视，每次朝阳遍洒崖面时无限感怀，每次雨幕中麦积山若隐若现，每次落雪时天地一色尽苍茫。这里，四季皆佳境，石窟相与融。这里，诸佛笑千年，万物皆入心。麦积山，就是那束最温暖的光、那盏最明亮的灯。

时常身临其境，感受那"秦州八景"之首、堪称人间仙境的"麦积烟雨"，感叹大自然的奇妙和古人选址的智慧。当你置身于数十米高的栈道之上，除了身后的崖面及脚下的栈道，平常可以极目眺望的远山，皆随着自西向东流动的烟雾而慢慢消失不见。只闻其声，不见其人，真正地立于云端，有腾云驾雾之妙。抑或立于观景台上，看烟雾漫卷，麦积山慢慢被烟雾缠绕，整个山体也变得灵动起来。西崖大佛与菩萨已经是云遮雾罩，慈颜半掩。随着东崖大佛与两身胁侍菩萨仿佛飘然于尘世之外，麦积山整个山体遂被烟雾笼罩，只有淡淡的轮廓堪可辨认。有一次晚饭后，我独自漫步在瑞应寺广场上，"麦积烟雨"悄然而至，大雾漫天掩来。我难辨方位，不由口占一首打油诗以抒胸臆："雨歇雾起如漫卷，乍看麦积已不见。环顾已是步云端，鸟鸣深处知人间。""麦积烟雨"也有缓急之分、浓淡之别，可谓变化多端，真是人间胜景，让人百看不厌。

有一次，对一个小型洞窟进行调查，洞窟开口小，光线暗，我坐在小马扎上，拿着手电筒观察记录。不经意地转身扭头，立刻被当时由光与色所形成的奇妙场景吸引了：一束温暖的阳光透过长方形的窟口照进昏暗的洞窟，如同"阴阳割昏晓"，就连窟内飘浮在半空的尘埃都清晰可见。窟外远方，群山苍翠，绿意盎然。再回头，窟内主佛安坐，菩萨、弟子怡然侍立，那窟口框起来的方寸风景，就如同一幅写实的油画，光彩亮丽。那一刹那，我心旌摇曳，恍然失神，竟不知身在何境，只觉浑身上下舒畅自然。此情此景下的默然欢喜，远非言语所能表达。诸如此类的体验和收获，让我在麦积山石窟工作的日子里经常心生欢喜，宛如在家。

作为一个工作多年的基层文物工作者，我在从事石窟调查和研究的过程中，在各处大小石窟寺中，常常能够得到内心的安宁和喜悦，暂时忘记外面世界的纷扰和繁杂，进入一种全身心投入的状态，身心得到休息，这种感觉在麦积山石窟尤为明显。

麦积山石窟，这座被赞"最治愈"的佛教石窟和世界文化遗产，值得我们细细品味、慢慢回味、认真研读。

本书的大体框架和主要内容，由我经过思考和调整，并征求出版社老师的意见后确定；具体洞窟和相关文物的描述则是由冯学斌、张扬、黎泽坤、周菁、卢娜、董鑫等几位同事撰写，并由我逐一进行修改和增删。在这个过程中，他们也对原来的题目设置和内容提出了一些有益的思考并进行了调整。书中图片主要由孙苑、贾瀚拍摄和提供，也使用了花平宁和孙永刚两位老师的一些图片，此外还有我和徐鹏拍摄的一些照片。本书的特色是讲读，精心配备了 30 多个视频。这些视频由黎泽坤和卢娜负责编辑，贾瀚拍摄，孙安迪后期制作和调整。大家挤出时间，加班加点，才有了本书的最终出版，在此表示感谢。

感谢西北大学出版社郭学工、张立两位老师，是他们精心策划了这套"中华文物览胜"丛书，并在我们编写的过程中给予支持和指导。

感谢所有喜欢、关心、爱护麦积山石窟的人，也希望本书能够为大家认识和了解麦积山石窟提供小小的帮助。

因时间仓促和编著者水平所限，书中难免存在不足，敬请海涵。我们会继续努力，守护好、保护好、研究好麦积山石窟这处世界文化遗产。

2024 年 10 月